AF340504

NOTICE BIOGRAPHIQUE

SUR

M. ANTOINE PASSY

PAR

M. DROUYN DE LHUYS.

LUE A LA SÉANCE PUBLIQUE ANNUELLE DE LA SOCIÉTÉ CENTRALE
D'AGRICULTURE DE FRANCE DU 27 JUIN 1875.

PARIS

IMPRIMERIE ET LIBRAIRIE D'AGRICULTURE ET D'HORTICULTURE
DE Mme Ve BOUCHARD-HUZARD,
5, RUE DE L'ÉPERON.

1875

NOTICE BIOGRAPHIQUE

SUR

M. ANTOINE PASSY

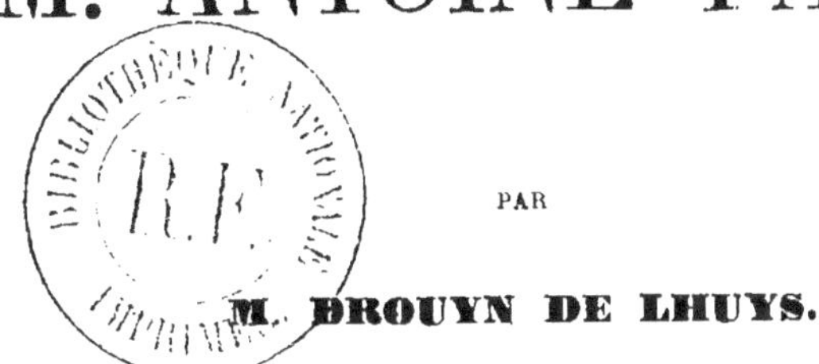

PAR

M. DROUYN DE LHUYS.

LUE A LA SÉANCE PUBLIQUE ANNUELLE DE LA SOCIÉTÉ CENTRALE
D'AGRICULTURE DE FRANCE DU 27 JUIN 1875.

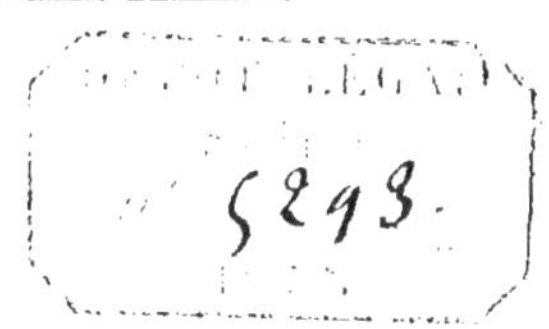

PARIS

IMPRIMERIE ET LIBRAIRIE D'AGRICULTURE ET D'HORTICULTURE
DE Mme Ve BOUCHARD-HUZARD,
5, RUE DE L'ÉPERON.

1875

NOTICE BIOGRAPHIQUE

SUR

M. ANTOINE PASSY,

MEMBRE DE LA SOCIÉTÉ.

MESSIEURS,

En venant rendre aujourd'hui, au nom de la Société centrale d'agriculture, un dernier et peut-être tardif hommage à la mémoire de M. Passy, je remplis la promesse faite devant sa tombe par notre secrétaire perpétuel dans une improvisation à la fois émue et savante. Après lui, d'autres voix éloquentes se sont élevées pour raconter cette existence consacrée tout entière au bien public, à la science, à l'humanité. Que pourrais-je ajouter à ces éloges qui semblent avoir épuisé un sujet pourtant si heureux et si fécond ? Vous me pardonnerez d'en reproduire quelquefois les pensées et les expressions, tout en empruntant à l'œuvre de notre regretté collègue les passages qui reflètent le mieux l'élévation de son cœur et l'étendue de son esprit.

M. Antoine-François Passy est né à Paris le 23 avril 1792. Son père fut nommé, au 18 brumaire, receveur général du département de la Dyle (ancien Brabant), dans la Belgique alors réunie à la France, et Bruxelles devint la résidence de sa famille. C'est à cette époque que le comte van der Steegen créait dans cette ville un jardin botanique, et inaugurait l'enseignement des sciences naturelles, avec le concours des savants Rozin et Dekin. Le jeune Passy suivit leurs leçons, et fut admis dans une Société d'herborisation, composée surtout de jeunes gens laborieux et distingués. Parmi les savants qui la dirigeaient, on remarquait un conseiller de préfecture appelé Louis de Ronnay, qui, après avoir combattu pour l'affranchissement de l'Amérique, avait été chassé, par la révolution, d'une chaire d'histoire naturelle qu'il avait obtenue à Tarbes, et trouvait dans l'étude de la botanique l'oubli des fatigues et des désenchantements de sa vie. Malgré l'âge et les vicissitudes des temps, il restait fidèle aux deux passions de sa jeunesse, la science et la liberté. Son influence sur son élève fut décisive; ses récits et ses exemples laissèrent dans cette imagination impressionnable une empreinte dont la trace se retrouve jusque dans les œuvres de la vieillesse d'Antoine Passy.

En 1810 M. de Candolle vint explorer la Belgique. Ce voyage scientifique, qu'on aimait à comparer à celui de sir John Ray en juin 1663, et à celui de Linné en mai 1738, fit également époque dans la science, et excita au plus haut degré l'ardeur et la curiosité du jeune Passy. C'est de ce moment que date le goût qu'il conserva toujours pour la botanique, où il aurait pu acquérir un nom éminent, s'il eût suivi la carrière de son choix. Il commença, dans les environs de Bruxelles, une série d'herborisations, à la suite desquelles il publia, en mai 1814, sous la surveillance du professeur Dekin, un ouvrage intitulé *Florula Bruxellensis, seu Catalogus plantarum circa Bruxellas sponte nascentium*, résumé des travaux de l'association dont il faisait partie. Dans la préface, il a posé les bases des rapports qui existent entre la végétation et la nature géologique du sol; il a été le premier à appeler sur ce point important l'attention des naturalistes, en classant les terrains des environs de Bruxelles suivant les notions que la science fournissait alors. Depuis, elle s'est enrichie de découvertes rapides et impré-

vues ; elle a marché à pas de géant et étendu sans relâche ses horizons. De si merveilleux progrès ne doivent pas, néanmoins, nous faire méconnaître la valeur de ses humbles commencements dans lesquels Antoine Passy peut revendiquer une part honorable. D'un autre côté, on voit, par ce livre, quel était son attachement pour « la science aimable » qu'il cultivait avec tant d'ardeur, et quelle était son admiration pour la contrée pittoresque qu'il explorait avec délices. On y remarque surtout ce sentiment de sérénité, si souvent exprimé par les botanistes, mais rarement avec plus de bonheur et d'à-propos. « Cet opuscule, dit-il à la fin des notions préli-
« minaires, a été pour nous, pendant ces derniers mois, un
« délassement et une utile distraction. Maintenant que tout
« semble tendre à la paix générale, objet de tant de vœux,
« il va être permis aux botanistes de reprendre leurs travaux
« interrompus. Si l'un d'eux veut retrouver, à l'aide de ces
« pages, les plantes qui y sont mentionnées, nous lui
« souhaitons autant de plaisir que nous en avons éprouvé
« nous-même à les découvrir. »

Telle était la vie, tels étaient les plaisirs de la jeunesse d'Antoine Passy. Esprit appliqué et sérieux, il s'adonnait à la botanique avec cette ardeur que, souvent à cet âge, nous portons aux dissipations et à la frivolité. Il était en correspondance réglée avec les princes de la science. Les Jussieu et les de Candolle, dans des lettres que sa famille conserve avec un juste orgueil, faisaient appel à son zèle et à ses lumières. Lorsqu'en 1810, à sa sortie du Lycée de Bruxelles, il passa une année à Naples, près de M. le comte d'Aure, son oncle, alors ministre de la guerre du roi Murat, sourd à la voix des séductions qui s'offraient en foule devant ses pas, il se renferma dans ses études bien-aimées. La flore du royaume de Naples avait été décrite par un botaniste appelé Cyrillo, et la gravure de son ouvrage avait même été commencée. Mais, à la suite de la révolution de 1799, Cyrillo avait été mis à mort, sa maison pillée, et le fruit de ses travaux dispersé et perdu. Antoine Passy, sur les indications de M. de Jussieu, en rechercha inutilement les traces. Ne pouvant y réussir, il fit mieux : il parcourut les Calabres et les Abruzzes, les rivages et les îles de la mer de Naples, collaborant avec Tenore, dont les œuvres, depuis devenues classiques, devaient faire oublier la perte de celles de Cyrillo. C'est Antoine Passy qui saisit le premier les rapports de la flore de l'Italie méridionale avec celle des côtes du nord de l'Afrique, si brillamment dépeinte par Desfontaines dans un livre fameux ; il composa un herbier qu'il offrit, à son retour, à Antoine-Laurent de Jussieu, dans les collections duquel on peut voir encore aujourd'hui le nom de Passy figurer avec honneur. La fondation de la Société botanique de France, à laquelle il contribua puissamment en 1854, fut en quelque sorte le couronnement du culte de sa jeunesse.

Mais le moment était venu pour lui de prendre une carrière où l'appelaient les vœux de sa famille. Ses relations intimes avec M. Barbé-Marbois le décidèrent à entrer à la Cour des comptes, où, après avoir rempli longtemps les fonctions d'auditeur, il fut nommé conseiller référendaire vers la fin de la Restauration. Son mérite et ses aptitudes administratives y furent tellement remarqués, que, dès les premiers jours de la monarchie de Juillet, il fut appelé, à sa grande surprise, à la préfecture de l'Eure. Déjà, comme par une sorte d'attraction naturelle, la Normandie avait éveillé son intérêt au triple point de vue de l'archéologie, de la botanique et de la géologie. En 1824, il avait publié dans les Mémoires de la Société Linnéenne de cette province une Notice sur le succin de Noyers près Gisors, et en 1828, dans les Mémoires de la Société d'histoire naturelle de Paris, une Note géologique sur le puits de Meulers. A peine investi de ses nouvelles fonctions, imposant silence aux préoccupations politiques, alors si exclusives et si ardentes, il se hâta de se mettre à la tête de la Société d'agriculture, sciences, arts et belles-lettres de son département, et dans un discours qui marquait une ère de liberté et de progrès

il esquissa à grands traits le noble programme de ses désirs
et de ses aspirations. « Voué, dès ma jeunesse, à l'étude de
« l'histoire naturelle, dit-il, j'ai l'ambition d'être compté
« au nombre des membres actifs de cette Société, et de n'y
« point paraître comme un président imposé..... Si la jeu-
« nesse, continue-t-il, se jette avec enthousiasme dans la
« carrière des sciences, c'est que l'étude des sciences
« inspire à l'esprit ce contentement qui donne la sagesse ;
« c'est que les sciences sont cultivées non-seulement pour
« elles-mêmes, pour ce charme intime que l'on y trouve ;
« à cause de cette séduction qu'elles exercent sur les esprits
« généreux, de cette satisfaction grande et perpétuelle
« qu'elles procurent aux hommes quand les avantages de la
« société se retirent d'eux ; mais c'est aussi et surtout parce
« que leur utilité est reconnue, qu'elles ne sont plus de
« vains amusements de l'esprit, que de toutes parts on s'in-
« quiète de leurs conquêtes qui alimentent les procédés in-
« dustriels et concourent au bien général. »

J'ai pu constater par moi-même que cette Normandie,
dont son cœur était rempli, conserve fidèlement le
souvenir de son administration et que son nom y est
encore vénéré. Elle qui a enfanté les Corneille, les Mal-
herbe, les Poussin, n'a pas oublié le nom plus modeste
d'Antoine Passy. Jamais aussi elle n'eut de fils plus tendre
et plus dévoué ; l'amour du sol natal embrase son cœur et
donne à ses accents le ton de la plus haute éloquence.
« Notre région, s'écrie-t-il, est la mère des compagnons
« d'armes de Tancrède de Hauteville et de Guillaume le
« Conquérant. C'est dans nos familles de cultivateurs que
« les pairs d'Angleterre cherchent à retrouver les racines
« de leurs arbres généalogiques ; c'est aux branches de nos
« Pommiers qu'ils cherchent à rattacher leurs écussons.

« Je suis fils du sol normand, disait-il autre part ; la
« charrue y a été conduite par la main de mes pères, et ma
« famille tient à cette terre fertile par des racines étendues
« et profondes. Toute mon ambition, c'est qu'on recon-

« naisse dans mon cœur le sceau de mon origine, l'amour
« de l'agriculture. »

Les travaux administratifs de M. Passy ne l'empê-
chaient pas de poursuivre ses études scientifiques, au
nombre desquelles la géologie semble avoir pris, à cette
époque de sa vie, une place prédominante. En 1826, l'Académie royale des sciences, belles-lettres et arts de Rouen
avait mis au concours un travail sur la statistique minéralo-
gique de la Seine-Inférieure. Comme, dans les années pré-
cédentes, il avait parcouru ce département en recueillant
des notes d'histoire naturelle et des échantillons de roches
et de fossiles, il croyait posséder assez de documents pour
répondre à cet appel, et il se hâta de présenter à l'Académie
un Essai sur la constitution géologique de la Seine-Inférieure.

Mais l'Académie considéra cet ouvrage comme ne réali-
sant pas son programme. Aussitôt M. Passy, avec une per-
sévérance et une modestie qu'on ne saurait trop louer, re-
commença son travail et publia sa description géologique
du département de la Seine-Inférieure. Cet ouvrage fut
couronné par l'Académie, qui en ordonna l'impression.
C'était en 1832. L'auteur n'avait pas craint de modifier
plusieurs des opinions qu'il avait avancées dans l'Essai pré-
liminaire, et il le dit avec la droiture d'un homme qui n'a
d'autre but que la vérité. Il n'hésita pas non plus à rendre
hommage au génie de M. Elie de Beaumont, alors à ses dé-
buts.

Le livre d'Antoine Passy est plein de faits, de détails
et d'observations qui semblent avoir épuisé la matière.
« J'ai voulu, dit-il, en finissant, qu'un département si
« riche et si éclairé, situé entre Londres et Paris, les deux
« villes du monde où la géologie est le plus en honneur,
« continuât cette chaîne de contrées où la science a porté
« ses investigations. — Tout l'intervalle entre Paris et
« Londres est maintenant comblé. » Si notre siècle réunit ces
deux capitales par ce tunnel gigantesque dont le projet seul dé-

passe les plus merveilleuses conceptions du monde antique,
si Paris et Londres se donnent un jour la main en supprimant
la mer et ses orages, c'est grâce à la science dont Antoine
Passy se rendait ainsi, il y a plus de quarante ans, l'un des
plus dignes interprètes. Il a formulé, en termes qui nous
paraissent aujourd'hui prophétiques, l'annonce d'un prodi-
gieux résultat, entrevu dès lors sans doute par la hauteur
sereine de son esprit et dont il nous sera donné peut-être
de voir la réalisation.

Sans se laisser absorber par la publication de ce travail
important, Antoine Passy fit paraître, la même année (1832),
une Notice géologique sur le département de l'Eure, insérée
au Recueil de la Société locale d'agriculture, arts et belles-
lettres. Ce n'était là sans doute qu'une esquisse contenant
la description de tous les terrains du département et destinée
à servir de prodrome à un ouvrage plus étendu. Mais quelle
connaissance parfaite des localités ! quelle clarté et quelle
sobriété dans toutes les indications ! Jamais l'érudition
oiseuse, le vain étalage de mots ambitieux n'arrête le lecteur.
Tout est simple, net, lumineux ; tout va directement au but
d'utilité pratique que l'auteur se propose ; et il ne perd jamais
de vue les intérêts de l'industrie et les besoins de l'agriculture. Nous pouvons aujourd'hui apprécier toute la valeur du
grand ouvrage posthume qui vient d'être publié sous les
auspices du Conseil général de l'Eure.

Quelque étendu que soit déjà ce champ d'investigation,
l'activité intellectuelle d'Antoine Passy ne le trouvait pas
encore assez large. Tantôt, abordant les questions archéolo-
giques, il décrit « ces églises vastes, élégantes, si hardiment
« voûtées, surmontées d'obélisques à découpures légères
« comme les feuilles des arbres ; édifices si bien adaptés
« aux cérémonies du culte chrétien qui alors était l'unique
« fondement de l'ordre et la seule idée générale appliquée à
« la civilisation. — On a retrouvé ajoute-t-il, ces lignes de
« défense de nos aïeux, guerriers du berceau à la tombe ;
« leurs forteresses ont été étudiées, et l'on a vu là tout un

« art militaire qui avait ses Coehorn et ses Vauban. Enfin
« les couvents, citadelles où se défendait l'intelligence
« humaine au milieu des invasions des barbares, sont
« devenus l'objet d'investigations intéressantes, car l'on ne
« peut voir sans émotion les retraites où l'on écrivait si
« laborieusement nos doctes et naïves chroniques, ces asiles
« où s'étaient conservés, à l'abri des autels, les trésors
« épargnés de la littérature ancienne, et d'où les arts se sont
« élancés de nouveau pour consoler le monde. »

Tantôt il proclame ces principes si vrais de politique et
d'économie sociale qu'il ne faut jamais se lasser de répéter,
et qui, dans sa bouche, prenaient une nouvelle autorité.
« La liberté, disait-il, consiste surtout à n'être pas arrêté
« dans ce qu'on entreprend pour le bien général. L'Admi-
« nistration ne peut et ne doit qu'exciter, aider ou favoriser
« ce qui se fait d'utile ; mais on a tellement en France l'habi-
« tude de la voir agir, ou d'exiger d'elle qu'elle agisse
« spontanément sur tous les points, que l'on est tout étonné
« quand d'autres se mêlent de la chose publique. » Ces
paroles, qui datent d'un demi-siècle, ne sont-elles pas encore
justes aujourd'hui, et nos Sociétés ne doivent-elles pas
s'appliquer ces virils conseils qu'il exprimait dans une autre
occasion : « L'action principale du pouvoir est le maintien
« de l'ordre et de la sécurité publique, afin que les intérêts
« privés et généraux puissent se mouvoir librement ;
« . . . . . C'est rester dans un état de dépendance volontaire
« que de solliciter sans cesse le pouvoir de donner des
« secours à tel ou tel intérêt. C'est aux citoyens à faire leurs
« affaires eux-mêmes, et c'est là que nous voulons les
« amener. »

Tantôt enfin il trace à l'agriculture son véritable programme dans des termes d'une justesse frappante : « Le
« manufacturier, dit-il, est sans cesse occupé à précipiter
« la marche de toutes choses ; il se hâte sur tout, et imprime
« son ardeur à tout ce qui l'entoure ; il gagne à ce que les
« mouvements de ses métiers soient plus rapides, à ce que

« ses ouvriers ne perdent aucune minute du temps qu'il
« leur a acheté, à ce que ses matières premières arrivent
« sans retard, que ses ventes soient promptement effectuées,
« que ses capitaux circulent avec vitesse, se transforment,
« se métamorphosent sans cesse pour se consolider définiti-
« vement entre ses mains. Ces caractères sont aussi ceux
« d'une partie de l'industrie agricole. Mais il y a, dans
« l'enfantement de ses produits réalisables, des conditions
« tout autres ; ses labours doivent être faits avec méthode et
« régularité ; ce n'est pas au galop que ses chevaux tirent la
« charrue et la herse ; on attend patiemment les jours con-
« venables pour les semailles ; on attend l'instant pro-
« pice pour herser, pour sarcler ; on ne peut récolter que
« dans des circonstances d'atmosphère indépendantes
« de toute volonté ; les procédés de fumure et d'amende-
« ment qu'on emploie sont le résultat d'une longue
« observation des sols, d'une lente application d'expé-
« riences recueillies et combinées. Il résulte de ces données
« naturelles plus de défiance pour les nouveautés, un atta-
« chement opiniâtre à ce qui est appris par tradition, une
« grande irrésolution avant de livrer tout l'espoir de ses
« bénéfices aux chances d'une pratique incertaine. »

Les progrès de l'agriculture et son influence sur la civilisation en général lui fournissent l'occasion d'établir un
saisissant contraste. S'adressant à la foule qui se pressait à
un concours de charrues : « Jadis, s'écrie-t-il, la multitude
« entourait ainsi des lices splendides, les balcons étaient
« parés de riches tapis où se déployaient les couleurs
« diaprées des nobles armoiries. . . . . . Les humbles culti-
« vateurs applaudissaient aussi à ce brillant spectacle. Ils
« étaient loin de croire qu'un jour viendrait où les joutes
« somptueuses des barons seraient oubliées, tandis que les
« tournois de l'agriculture deviendraient un grand intérêt
« public, et que la civilisation n'en voudrait plus d'autres. »

Qu'attendre en politique d'un fonctionnaire rempli d'i-
dées si larges et si élevées ? Loin de lui ces éclats d'un zèle

passionné et indiscret dont l'affectation cache le plus souvent l'inapplication et l'incapacité. « Laissons, disait-il,
« laissons tenir aux partis vaincus par la force des lois le
« langage du dépit et de la colère ; ne livrons pas notre bien-
« être social, nos institutions libres, fortes et sages, les ri-
« chesses et le repos du présent et de l'avenir à de hasar-
« deux regrets..... » Pourtant l'époque prêtait aux repré-
sailles, au moins aux récriminations les plus amères. Mais
l'âme haute et sereine d'Antoine Passy était inaccessible aux
rancunes et aux passions des partis. Il voyait, dans ses ad-
ministrés, non des instruments politiques, des électeurs à
enrégimenter, mais des hommes attachés au sol et qu'il fal-
lait se garder d'en détourner. « Oui, disait-il, cette bonne
« terre du Vexin, à toutes les époques, a nourri une pépi-
« nière d'hommes adonnés aux labeurs des campagnes, mé-
« nagers de leur temps et de leur argent, et qui savent à la
« fois entreprendre ave vigueur, conduire avec prudence
« leurs travaux variés, conserver les fruits de leurs guérets
« et les laisser à leurs enfants avec de bons exemples à suivre.
« L'aisance est le prix du travail, de l'intelligence et de la
« probité. Là où l'on voit un pays paisible et riche, on
« peut hardiment assurer que ses habitants sont laborieux,
« honnêtes et éclairés. »

Ce n'étaient pas là de vaines paroles. Tout dévoué au département qu'il administrait, il n'avait pas une pensée qui
ne lui appartînt. Aussi, quand une combinaison politique lui
enleva ses fonctions, emporta-t-il, dans sa retraite, d'una-
nimes regrets, dont la preuve ne se fit pas attendre.
Quelques mois après son départ de la préfecture, les électeurs des Andelys le choisissaient pour les représenter à la
Chambre des députés, où ils le maintinrent à trois reprises
différentes. La révolution de 1848 et le désistement volontaire de M. Passy purent seuls mettre fin à cet honorable
mandat. De plus, en 1841, il avait été nommé conseiller
général pour les cantons réunis de Fleury et de Lyons.

Appelé au conseil d'Etat en 1839, il accepta, en 1840,

le poste de sous-secrétaire d'Etat au Ministère de l'intérieur et fut promu au grade de commandeur de la Légion d'honneur en 1844. Quelque position qu'il occupât, de quelque dignité qu'il fût revêtu, il restait fidèle aux principes de justice et d'impartialité qu'il avait si hautement proclamés. Il pouvait dire, avec un juste orgueil, à ses amis du département de l'Eure, quand il reparaissait devant eux comme simple particulier, pour présider la Société libre d'agriculture, sciences, arts et belles-lettres de l'Eure : « Fidèle, avant tout, aux intérêts sérieux et perma-« nents de nos concitoyens, nous les étudions, nous les dé-« fendons, nous hâtons leurs progrès suivant nos forces, qui « ne sont peut-être pas égales à notre zèle, mais qui sont « entièrement consacrées au bien public. »

Au milieu de l'inconstance des événements, Antoine Passy conservait à la science ses plus tendres et ses plus solides affections. Il y trouvait la consolation des désabusements et des incertitudes de la politique. Lorsqu'en 1832 s'organisa la Société géologique de France, il figura parmi l'élite des membres fondateurs. Ce rang lui était naturellement assigné tant par sa description du département de la Seine-Inférieure que par d'autres ouvrages de moindre importance publiés antérieurement. Le premier, comme nous l'avons déjà dit, est une Notice sur le succin de Noyers, cette substance dont l'origine était restée inexpliquée jusqu'à nos jours, bien que l'antiquité et le moyen âge eussent exercé, pour en rendre raison, l'imagination de leurs poëtes et la science de leurs philosophes. Antoine Passy a su donner la véritable explication de la nature de cette intéressante production, jusque-là indécise entre les trois règnes : « L'ex-« traction poursuivie à Noyers, au bord du Vexin normand, « a montré une couche d'arbres fossiles transformés en « lignite. Ces arbres, au dire des ouvriers, sont couchés tou-« jours dans le même sens ; ils sont accompagnés de débris « de branches, et la marne brune qui les enveloppe porte « l'empreinte des feuilles et même leurs traces charbon-

« neuses . Le succin s'y trouve mêlé en grains de diverses
« grosseurs, mais qui n'excèdent pas un pouce et demi. Il
« tient généralement au bois, et plusieurs morceaux portent
« l'empreinte de l'écorce, pendant que la partie extérieure
« est mamelonnée comme les résines des arbres vivants. »
Un autre ouvrage, non moins intéressant et non moins
remarqué, est une Note géologique sur le puits de Meulers,
insérée au Recueil de la Société d'histoire naturelle de Paris,
en 1828. Ce puits avait été ouvert en 1796 par M. Castiau,
venu de Liége pour chercher une mine de houille dans la
Seine-Inférieure. Il atteignit 375 mètres de profondeur. Les
échantillons des couches traversées par cette fouille remar-
quable étaient amassés dans les armoires de l'Académie de
Rouen. M. Passy les a nommés et classés, et en a établi la
concordance avec les couches des terrains inférieurs à la
craie qui se montrent à l'œil dans le pays de Bray.

C'est à ces titres que M. Antoine Passy dut la flatteuse
distinction dont la Société géologique l'honora ; nommé
vice-président en 1838, il fut élu président en 1841, et la
vice-présidence lui fut de nouveau décernée en 1849.

Tels étaient les travaux qui occupaient M. Passy après
sa démission des fonctions publiques ; aucun vide ne se faisait
sentir dans sa vie. Au contraire, il semblait se rattacher avec
plus d'entrain à ses études favorites, et c'est avec justesse
que Béranger, avec lequel il entretenait une correspondance
amicale, lui écrivait, le 6 mars 1840, au sujet de sa retraite
comme sous-secrétaire d'Etat : « On dirait que vous quittez
« les emplois supérieurs avec autant de plaisir qu'on des-
« cend de diligence pour rentrer chez soi et s'y reposer d'un
« voyage fatigant. » M. Passy n'avait pas désiré le pouvoir : il
l'avait exercé avec conscience, mais sans s'y attacher ; il le
quittait sans colère et sans regret, avec un désintéressement
tellement sincère qu'il s'ignorait lui-même. Ce stoïcisme
modeste lui eût mérité une place parmi les sages de l'antiquité, et Plutarque eût aimé à raconter sa vie.

De 1838 à 1848, il se signala à la Chambre des députés

par plusieurs rapports remarquables, parmi lesquels je dois citer : 1838, l'exposé des motifs du projet de loi sur la conversion des rentes ; un discours prononcé dans la discussion d'un projet de loi relatif au chemin de fer de Paris à la mer ; — 1839, un discours sur le régime des prisons ; — 1841, un discours sur le même sujet ; — 1842, un discours sur le même sujet, avec des détails sur le système appliqué au Mont-Saint-Michel ; — 1843, une circulaire sur l'assimilation des orphelins pauvres aux enfants trouvés ; — 1844, différents discours sur un projet de loi relatif aux prisons et sur des questions budgétaires spéciales ; — 1845, plusieurs discours sur les caisses de retraite ; — 1846, plusieurs discours sur les enfants trouvés, la mendicité, le travail dans les prisons ; — toutes questions sur lesquelles son expérience et sa haute raison pratique portaient la lumière ; il suivait en cela la voie que commençait dès lors à parcourir, en ce qui concerne la réforme pénitentiaire, un autre homme illustre, M. de Metz, qui a laissé après lui une œuvre qu'on avait jusque-là tenue pour chimérique.

A la révolution de février, M. Antoine Passy abandonna pour toujours la scène politique. Quoique dans la force de son âge et dans la pleine maturité de son esprit, il renonça à y figurer plus longtemps, croyant sans doute être plus utile à son pays en se renfermant dans les études économiques et scientifiques. En 1851, son activité semble redoubler : il préside à l'inauguration de la statue de Poussin aux Andelys, le 15 juin ; — il traduit de l'anglais de Sir Humphrey Davy le traité intitulé Salmonia, qui a pour objet la pêche à la ligne, dont M. Passy voulait populariser et perfectionner les procédés ; — cinq autres de ses discours figurent, cette même année, dans le Recueil de la Société libre de l'Eure. Il est impossible de les analyser tous ; on ne peut néanmoins passer sous silence celui qu'il prononça le 1er septembre 1851, et où il exprime ses vues sur la société française d'alors, en paroles trop applicables à la situation d'aujourd'hui.

« Défiée par les sentences qu'on prononce tous les jours sur

« elle, la société française est troublée, inquiète, épouvan -
« tée. Elle ne croit plus en elle-même. Elle ne vit qu'au jour
« le jour sans avenir, sans confiance, sans sécurité ; et la sé-
« curité, c'est la santé du corps social, c'est sa force et son
« énergie.» Et plus loin : «Les idées amènent les révolutions,
« mais les intérêts les arrêtent. Les intérêts de la société
« humaine ne sont autres que la pratique de la vie. Dès que
« l'ordre qui les fait vivre est troublé, ils sont frappés, ils
« s'effrayent et désespèrent. Puis, après avoir reculé, ils s'a-
« vancent dans le vide que la destruction a fait et qu'eux
« seuls peuvent combler ; ils reprennent avec de longs et
« pénibles efforts ce qui avait été arraché injustement et
« subitement à l'ordre social..... Ce mouvement, nous
« sommes tous tenus de le seconder. D'un côté, se trouve
« la société humaine, avec ses antécédents et ses espérances
« de bien-être progressif, les sentiments de la justice, de la
« famille et de la religion, et, de l'autre, ceux qui veulent
« détruire ces principes sacrés, pour faire prévaloir l'anar-
« chie des intérêts, des sentiments, des affections. — Pour
« abattre ces sophismes audacieux, adressés aux intelligences
« obscures et aux avidités personnelles, et qui peuvent,
« par l'instabilité des affaires publiques, se transformer en
« actes, il faut le travail constant, ferme et journalier de
« tous. »

C'est sous les auspices de ces utiles travaux, de ce
noble langage, de ces saines et fortifiantes pensées, qu'il se
présenta à vos suffrages, et que, le 10 décembre 1851, il fut
admis dans votre Société à la presque unanimité des voix.
Il tint à honneur d'en être un des membres les plus
laborieux. De 1853 à 1872, presque aucune année ne
se passe sans qu'un ou plusieurs rapports de M. Passy
ne figurent dans vos annales. La statistique et l'agriculture sont les sujets qu'il aborde de prédilection. En
analysant les ouvrages dont il rend compte, il y ajoute
les aperçus les plus justes et souvent les plus imprévus.
Il comprenait la mission et les devoirs des membres

de cette Société, comme il avait entendu ses fonctions
administratives et son mandat de député : « Messieurs,
« vous disait-il, en 1854, en commençant l'éloge histo-
« rique de M. de Lasteyrie, c'est la gloire modeste et
« sérieuse de quelques hommes inspirés par une vertueuse
« et naturelle vocation que de chercher avec ardeur, de
« rencontrer heureusement et de poursuivre avec persévé-
« rance, parmi les conceptions écloses à la lumière, celles
« qui développent les progrès de la civilisation. Quand ces
« hommes d'élite ont jugé qu'une invention peut faire
« avancer l'intelligence générale, augmenter la richesse
« publique ou bien consoler des misères, ils travaillent,
« avec une sage énergie et une constance inébranlable,
« à la mettre à la portée de chacun ; et ils deviennent
« réellement ainsi les inventeurs de l'utilité positive d'une
« découverte ; leur aide puissante et généreuse féconde et
« répand la pensée primitive de l'auteur, dont la gloire, dès
« lors, s'affermit et s'étend. »

Il se dépeignait lui-même, sans y songer, dans ces
éloges que les membres de notre Société consacrent au souvenir des collègues que la mort leur enlève. « Les cam-
« pagnes, disait-il, en parlant de M. de Chabrol, recueillent
« ceux qui renoncent à la vie agitée des affaires. Apporter
« et répandre autour de soi des idées et des pratiques nou-
« velles, c'est continuer en quelque sorte l'administration
« de la fortune publique, c'est servir encore son pays que
« d'augmenter les produits de la terre. » Il est impossible
de ne pas le reconnaître dans cette image qu'il retraçait de
M. de Rambuteau : « Sa bienveillance était constante, sa
« mémoire nette, abondante et vraie, son esprit calme et
« impartial. Il parlait du passé et du présent sans passion,
« avec tranquillité, avec désintéressement, avec une natu-
« relle disposition à louer ce qui lui semblait bon, utile et
« honnête ; et il s'y connaissait. » C'est un privilége de la
Société centrale que de se recruter, depuis sa fondation,
dans le même cercle d'hommes utiles, et que de pou-

voir, sans forcer la louange, appliquer aux successeurs
les éloges déjà mérités par ceux qui les ont précédés. Heureux héritage, qui entretient, dans cette enceinte, l'émula-
tion du bien ! Heureux aussi ces hommes dont la mémoire
se conserve avec les mêmes traits, comme ceux de membres
d'une même famille, partageant les mêmes droits à la recon-
naissance du pays !

M. Passy prêta un concours dévoué à la fondation de la
Société d'acclimatation. Il prit une part active à ses travaux,
et en devint le vice-président. Dans le discours d'ouverture
de la cinquième session qu'il prononça le 14 février 1861,
il définit, avec la justesse habituelle de son langage, le but
de la Société : « La zoologie, dit-il, est un mot que le peuple
« prononce uni à celui d'acclimatation, depuis qu'il sait
« que la science a pris pour tâche journalière d'ajouter de
« nouvelles espèces aux animaux de travail ; d'augmenter
« les troupeaux qui portent des toisons, les insectes qui
« filent la soie ou sécrètent la cire ; de multiplier les poissons
« et les coquillages qui se font rares dans les eaux de la mer
« et dans celles de nos fleuves. Elle veut varier les quadru-
« pèdes et les volatiles qui peuplent nos basses-cours. »
En 1863 il fit paraître dans l'annuaire de cette Société, sous
le titre de *Notes*, un véritable traité sur la domestication et
l'acclimatation des animaux. Sa constante pensée était de
ramener les spéculations de la science à des applications
pratiques. « La domestication et l'acclimatation des animaux
« utiles ont été, disait-il, le travail long et successif de la
« société humaine depuis son origine, travail dont la civi-
« lisation actuelle a recueilli les fruits sans se préoccuper
« beaucoup de les multiplier, quoiqu'elle dispose de bien
« plus de moyens d'action que les nations primitives
« lorsqu'elles eurent à soumettre des animaux encore
« sauvages. » Il revenait sur la même idée en 1873,
dans un excellent travail sur les cheptels de la Société :
« Nous disons à tous, écrivait-il, venez à nous pour vous
« approprier ce que nous détenons. Les cultivateurs trou-

« veront, dans le jardin du bois de Boulogne, des animaux
« et des végétaux qu'ils utiliseront ; les chasseurs, de nou-
« veaux gibiers qui remplaceront ceux qui disparaissent ;
« les simples amateurs choisiront des oiseaux au vif plumage,
« au chant mélodieux, ou des végétaux utiles et des plantes
« d'ornement qui font aujourd'hui de chaque salon une
« serre cultivée par des mains délicates. »

M. Antoine Passy avait été nommé membre de l'Académie
des sciences en 1857, en remplacement de M. de Bonnard.
Il suivait avec assiduité, en qualité de membre libre, les
travaux de cette illustre compagnie, qu'il éclairait par ses
notes et par ses judicieuses remarques. C'est ainsi que, au
mois d'octobre 1872, il disait : « Le manque d'animaux
« domestiques est la principale raison de l'infériorité des
« races américaines lors de la conquête. Privés de chevaux,
« de bœufs, de moutons, les aborigènes n'ont pu user des
« moyens d'action et de subsistance dont avaient joui les
« peuples de l'ancien monde ; aussi pour eux n'a pas existé
« la période pastorale. L'absence de ces auxiliaires indis-
« pensables de l'homme civilisé a paralysé leur marche et a
« contribué, plus que toute autre cause, à les retenir dans
« l'enfance. »

C'est dans ces graves et profondes méditations que s'est
écoulée la vieillesse de M. Antoine Passy. On peut lui appliquer ces paroles qu'il consacrait à la mémoire d'un de ses
intimes amis, Auguste Le Prévot : « Quand les maladies
« vinrent assiéger ses dernières années, il les supporta avec
« une philosophie simple et vraie, avec un courage naturel.
« Au milieu des plus pénibles épreuves, il consolait par de
« douces gaietés les tristes cœurs qui s'empressaient autour
« de lui. »

Il est mort à Paris le 8 octobre 1873, dans sa quatre-vingt-
deuxième année. Il a voulu que ses restes fussent transportés
à Gisors, pour goûter le repos éternel au sein de cette Normandie qu'il avait si tendrement aimée. Sa fin a été sereine
et tranquille. Elle a été pour lui, comme pour l'ami qui avait

été son maître et son émule, « l'aube de cette lumière qui
« devait lui dévoiler la science absolue, la vérité divine
« que l'homme cherche à travers toutes les sciences
« humaines, mais qu'il ne peut atteindre qu'au jour solennel
« où il s'est élevé au-dessus des ténèbres de la terre. »

Vous le voyez, Messieurs, pour louer Antoine Passy, je
n'ai eu qu'à rappeler ses actes et citer ses paroles. Pour
représenter un tel homme, un miroir vaut mieux qu'un
portrait. Trois fois heureux celui qui, après une vie si longue
et si bien remplie, va rejoindre dans un monde meilleur
l'aimable et fidèle compagne de son existence, en laissant
sur la terre une famille digne de lui et un fils que votre
affectueuse adoption vient d'appeler à continuer parmi nous
ses œuvres et sa mémoire !

* 9 7 8 2 0 1 3 6 2 1 8 5 4 *